Otto Körner

Die Hygiene des Ohres

Otto Körner

Die Hygiene des Ohres

ISBN/EAN: 9783743369863

Hergestellt in Europa, USA, Kanada, Australien, Japan

Cover: Foto ©berggeist007 / pixelio.de

Manufactured and distributed by brebook publishing software (www.brebook.com)

Otto Körner

Die Hygiene des Ohres

Die Hygiene des Ohres.

Von

Dr. O. Körner,
Professor ord. honor. der Medicin und Director der Ohren- und Kehlkopfklinik der Universität Rostock.

Mit einer Abbildung.

Wiesbaden.
Verlag von J. F. Bergmann.
1898.

Meinem Lehrer

Herrn Professor A. Kuhn in Strassburg

zu seinem 60. Geburtstage

in Dankbarkeit gewidmet.

Vorbemerkung.

Die Hygiene des Ohres ist wiederholt bearbeitet worden, jedoch nicht in einer für den Laien geeigneten Weise. Denn bald finden sich in den betreffenden Arbeiten zahlreiche Dinge breit erörtert, die allein Sache des Arztes sind und den Laien zu seinem Schaden irre führen, bald mangelt dem schreibefrohen jugendlichen Doctor die nöthige praktische Erfahrung und Reife, um die Bedürfnisse des Laien richtig zu beurtheilen.

Der vorliegende, am 17. Januar 1898 in der Aula der Universität Rostock für einen wohlthätigen Zweck vor Gebildeten aller Stände und beiderlei Geschlechts gehaltene Vortrag sucht diese Nachtheile möglichst zu vermeiden.

Der Verfasser beabsichtigt, denselben seinen Kranken in die Hand zu geben und hofft unter

Anderem, sich selbst damit manche täglich wiederkehrende ermüdende Auseinandersetzung zu ersparen.

Die Fachgenossen werden vielleicht einige neue Anschauungen in dem Vortrage finden. Nur für sie sind einige Hinweise auf die Literatur beigefügt.

Ein von Aerzten und Laien anerkannter Satz lehrt, dass das Verhüten von Krankheiten besser sei als das Heilen derselben. Während das Heilen alleinige Sache des Arztes ist, theilen sich Arzt und Laie in die schöne Aufgabe, Krankheiten zu verhüten.

Um den Krankheiten erfolgreich vorbeugen zu können, bedarf aber der Laie ärztlicher Belehrung. Ich will desshalb versuchen, Sie heute zur richtigen Pflege eines der wichtigsten Sinnesorgane, des Ohres, anzuleiten.

Lassen Sie uns zunächst die Beschaffenheit des Ohres und die Bedeutung seiner einzelnen Theile kennen lernen, soweit es für das Verständniss unseres Gegenstandes nöthig ist.

Wir theilen das Gehörorgan in zwei Theile ein. Der eine hat die Aufgabe, den Schall zu empfinden, der andere, den Schall aufzufangen und zu dem empfindenden Theile hinzuleiten.

Der schallempfindende Theil setzt sich zusammen aus bestimmten Theilen des Hirns, aus dem Hörnerven und aus Theilen des Labyrinthes.

Schematisches Bild des Ohres
(nach Schwalbe).

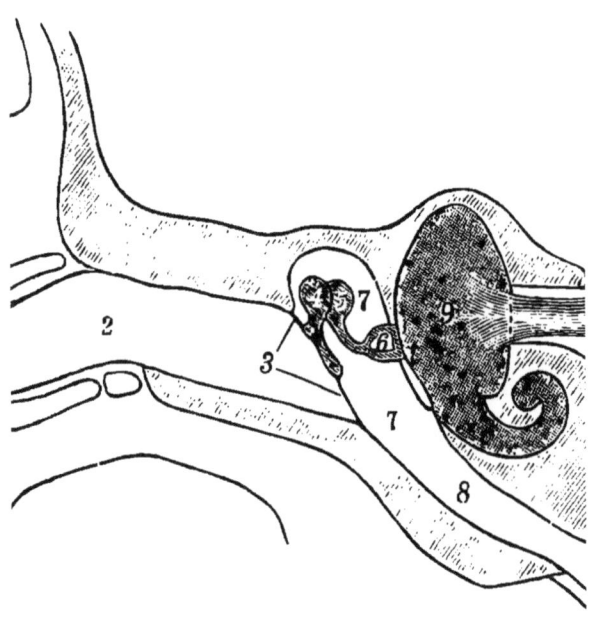

1. Ohrmuschel.
2. Gehörgang.
3. Trommelfell.
4. Hammer.
5. Ambos.
6. Steigbügel.
7. Paukenhöhle.
8. Ohrtrompete.
9. Labyrinth.
10. Hörnerv.

Der schallzuführende Theil besteht aus der Ohrmuschel, dem Gehörgange, dem Trommelfelle und den Gehörknöchelchen.

Die Bedeutung der Ohrmuschel für das Gehör wird von dem Laien oft überschätzt. Wir können nach Verlust der Ohrmuschel noch recht gut hören. Auch bei den Thieren ist die Ohrmuschel nicht immer zum Auffangen des Schalles geschaffen, sondern sie dient in erster Linie als Schutzorgan für das Ohr.*)

Im Gehörgange werden die Schallwellen zum Trommelfelle geleitet, einer den Gehörgang in der Tiefe abschliessenden quergespannten Haut.

Mit dem Trommelfell einerseits und dem Labyrinthe andererseits steht in Verbindung die ununterbrochene Kette der Gehörknöchelchen. Diese sind Hammer, Ambos und Steigbügel. Setzt eine Schallwelle das Trommelfell in Schwingungen, so werden diese durch die Gehörknöchelchen auf das Labyrinth übertragen. Dort erregen sie die sehr complicirten Endigungen des Hörnerven. Diese Erregung des Nerven wird schliesslich im Hirne als Schall empfunden, das heisst: gehört.

Der Raum hinter dem Trommelfelle, in welchem sich die Kette der Gehörknöchelchen befindet, heisst Trommel- oder Paukenhöhle. Sie enthält Luft, obwohl sie durch das Trommelfell nach aussen hin

---

*) Vgl. Karutz, Zeitschrift für Ohrenheilkunde, Band 30, Seite 242.

vollständig verschlossen ist. Die Luft gelangt in die Paukenhöhle durch die Ohrtrompete oder Tube, einen röhrenartigen Gang, der die Paukenhöhle mit dem obersten, hinter der Nase gelegenen Theile des Schlundes verbindet. Die Paukenhöhle steht also durch Nase und Mund mit der Aussenluft in Verbindung. Diese Verbindung ist jedoch gewöhnlich geschlossen.*) Sie öffnet sich aber bei jeder Schluckbewegung, oft auch beim Ausschnauben der Nase, wobei man dann ein Knacken im Ohre wahrnimmt. Man kann dieses Eindringen von Luft in die Paukenhöhle auch herbeiführen, wenn man bei geschlossenem Munde Luft durch die Nase ausbläst und dabei plötzlich die Nase zuhält. Es ist jedoch nicht räthlich, das oft zu wiederholen, weil bei dem Lufteinpressen stets ein schädlicher Blutzudrang zum Kopfe und damit zu allen Theilen des Ohres stattfindet.

Wird die Ohrtrompete verschlossen, so kann die Luft in der Paukenhöhle nicht erneuert werden, das Gehör leidet Noth, und bei längerem Verschlusse erkranken Paukenhöhle und Trommelfell. Ein solcher schädlicher Verschluss kommt sehr leicht zu Stande, wenn die Schlundöffnung der Ohrtrompete durch einen Schnupfen oder eine andere Nasenkrankheit zuschwillt oder von Schleim bedeckt wird. Schlimm ist es, wenn der Verschluss dauernd

---

*) Vergl. Hartmann, Zeitschrift für Ohrenheilkunde, Band 32, Seite 174, Anm. 1.

wird, besonders wenn die bei uns an der Wasserkante so häufigen «Wucherungen» oder Rachenmandeln der Kinder, die zwischen den Öffnungen der beiden Ohrtrompeten liegen, diese verschliessen Bei zu kräftigem Ausschnauben der Nase, beim Niessen und beim Erbrechen können Unreinlichkeiten aus der Nase durch die Ohrtrompete in die Paukenhöhle gelangen und dort Entzündungen verursachen.

Die Bedeutung des Trommelfelles für das Hören wird ebenso wie die der Ohrmuschel von den Laien überschätzt. Man kann ziemlich grosse Löcher in den Trommelfellen haben und doch ganz erträglich, wenn auch nicht fein, hören. Ein kleines Loch im Trommelfell verhindert nicht die Schwingungen desselben und schädigt desshalb das Hören kaum. Durch ein grosses Loch aber, oder bei völligem Verluste des Trommelfells, gelangen die Schallwellen direct an diejenigen Zugänge zum Labyrinth, die sie unter normalen Verhältnissen durch Vermittelung von Trommelfell und Gehörknöchelchen erreicht hätten.

Der noch sehr verbreitete Aberglaube, dass ein Loch im Trommelfell unfehlbar taub mache, muss ausgerottet werden, weil er gefährlich ist. Bei manchen Ohreiterungen nämlich, welche das Leben bedrohen, weil sie auf das benachbarte Hirn übergehen können, muss das Trommelfell durchschnitten werden, damit der Eiter nach aussen abfliessen kann und keinen Schaden stiftet. In solchen Fällen weigern sich manchmal die Kranken, den Trommelfellschnitt vornehmen zu lassen, aus Furcht, dadurch das Gehör zu verlieren. Der Trommelfellschnitt zerstört aber das Gehör nicht, wohl kann aber die Eiterung das Gehör und sogar das Leben vernichten, wenn der Trommelfellschnitt unterlassen oder zu spät ausgeführt wird.

Schlimmer für das Gehör sind Erkrankungen des Labyrinthes, das die feinen Endigungen des Gehörnerven enthält. Sie führen häufig zur Taubheit. Tritt die Taubheit im frühen Kindesalter ein, so lernen die Kinder nicht sprechen oder verlernen die Sprache, die sie nicht mehr hören können, wieder, werden also taubstumm.

Nachdem wir nunmehr das Wichtigste über die Beschaffenheit und Bedeutung der einzelnen Ohrtheile kennen gelernt haben, komme ich zum Gegenstande dieses Vortrages. —

Wenn der Mensch zur Welt kommt, ist er bereits mit gebrauchsfähigen Sinnesorganen ausgestattet. Seine Haut empfindet die Berührung, seine Hände, seine Lippen, seine Zunge vermögen zu tasten. Wenn man ihm eine bittere Flüssigkeit in den Mund bringt, verzieht er sein Gesicht, wenn man ihm aber süsse Dinge zuführt, macht er sogleich Saugbewegungen. Sein Auge verräth Lichtempfindung. Er erwacht aus dem Schlafe, wenn man ihm riechende Substanzen vor die Nase hält. Nur allein sein Gehör schlummert noch: laute Geräusche wecken ihn nicht.*) Die Ursache dieser merkwürdigen Erscheinung ist folgende: In der Paukenhöhle des Neugeborenen befindet sich nicht Luft wie im späteren Leben, sondern Flüssigkeit, ja eine stark verunreinigte Flüssigkeit**). Da die Paukenhöhle durch die Ohrtrompete mit der Nase und also mit der Aussenwelt in Verbindung steht, ist sie auch mit demjenigen Medium gefüllt, in dem sich der Neugeborene vor seinem Eintritt in die Atmosphäre befindet. Erst allmählich schwindet die Flüssigkeit aus der Paukenhöhle und wird durch Luft ersetzt, die durch die Ohrtrompete eindringt. Sobald das geschehen ist — wie es scheint, frühestens am 3. Lebenstage, oft aber erst viel später, kann der Säugling hören.

Dieser Wechsel des Mediums geht nicht leicht von statten. Die unreine Flüssigkeit führt fast bei allen Neugeborenen eine Eiterung in der Paukenhöhle herbei.***) Der Eiter muss durch das kreisende Blut aufgesaugt und weggeschafft werden. Wird seine Aufsaugung gestört oder das Eindringen von Luft verhindert, so entstehen bleibende Schädigungen für das Gehör. Wahrscheinlich entsteht manchmal

---

*) Kussmaul, Untersuchungen über das Seelenleben des neugeborenen Menschen, Leipzig und Heidelberg 1859.

**) Sie enthält fast stets Meconium.

***) Aschoff, Zeitschr. für Ohrenheilkunde, Band 31, S. 205.

auf solche Art eine scheinbar angeborene Taubstummheit. Darum ist es die erste Aufgabe der Hygiene des Ohres, den natürlichen Vorgang nicht zu stören. Das Eindringen der Luft wird oft verhindert, wenn der Säugling einen Schnupfen bekommt. Dann schwillt die Oeffnung der Ohrtrompete zu, sodass keine Luft eindringen kann. Es kommt also darauf an, die Neugeborenen vor dem Schnupfen zu schützen. Das geschieht am besten, wenn man Erwachsene, die Schnupfen haben, nicht in die Kinderstube lässt. Manche Neugeborene werden auch durch mangelnde Sorgfalt erkältet und bekommen dadurch Schnupfen, namentlich wenn durch Sorgen um die Mutter die Aufmerksamkeit von ihnen abgelenkt wird und sie deshalb nicht sofort nach der Geburt gebadet und gekleidet werden. Die Aufsaugung des Eiters kann auch gestört werden, wenn man dem zarten Körper des Neugeborenen nicht die nöthige Ruhe gewährt. Alles Herumtragen, Schütteln oder Schaukeln des Säuglings kann Schaden bringen. Hier wird oft gesündigt. Das Kind wird von dem stolzen Vater herumgeschleppt und jedem Besucher triumphirend entgegengehalten, und wenn es schreit, wird sein zarter Körper durch Schaukeln, Herumschleppen auf den Armen, Klopfen mit der Hand auf den Rücken erschüttert in einer zwar wohlgemeinten, in Wirklichkeit aber ganz rücksichtslosen und schädlichen Weise.

Die erste hygienische Procedur, die mit dem jungen Weltbürger vorgenommen wird, ist das Bad. Dabei dürfen die Ohren niemals unter Wasser kommen. Das Badewasser ist, da es die Unreinlichkeiten entfernt, stets unrein, mindestens ist es durch Seife verunreinigt. Kommt es ins Ohr, so lagert sich Schmutz und Seife im Gehörgange ab, wodurch leicht Reizung, ja Entzündung entstehen kann. Trocknet man die Falte hinter der Ohrmuschel nicht sorgfältig mit dem Tuche, und bleibt hier die Haut nass oder mit Seife bedeckt, so bilden sich in der Falte nässende Hautentzündungen, die schmerzen und lange zur Heilung brauchen.

Auch in die Nase darf kein Badewasser eindringen, denn es könnte durch die Ohrtrompete in die Paukenhöhle gelangen und Schaden stiften

In meiner Kinderzeit war es noch üblich, dem Säuglinge eine Haube aufzusetzen. Jetzt scheint das glücklich überwunden zu sein. Nur manchmal glaubt eine eitle Mutter, hässlich abstehende Ohren ihres Lieblings mittels der Haube zum Anlegen zu bringen. Aber der elastische Knorpel schnellt immer wieder in seine Form zurück, sobald die Haube entfernt wird, ja die Ohrmuschel kann durch den Druck Schaden leiden.

Wie man das Auge des Säuglings vor grellem Lichte schützt, so sollte man auch starke Schalleinwirkungen von seinem zarten Ohre fernhalten Kinder empfinden heftige Schalleindrücke schmerzhaft. Sie zeigen das durch Schreien. Auch Erwachsenen erregen ja bekanntlich sehr schrille Töne Schmerz im Ohre. Wenn besuchende Tanten auf ein kleines Kind lebhaft einreden, so schreit es, weil ihm die Stimmen der Besucherinnen Schmerz im Ohre machen. Statt nun stillzuschweigen, wird nur noch lebhafter zu dem Kinde geredet. Mir schien es auch oft, als ob kleine Kinder sogar ihr eigenes Geschrei schmerzhaft empfänden. Einmal ins Schreien gekommen, finden sie dann kein Ende, bis sie völlig ermattet sind.

Schon in den ersten Lebensjahren müssen die Kinder abgehärtet werden. Durch die Abhärtung will man Erkältungen verhüten. Diese sind den Ohren ganz besonders gefährlich. Es ist eine alltägliche, aber noch nicht genügend erklärte Erfahrung, dass bei vielen Leuten jede Erkältung zur Erkrankung eines bestimmten Organes führt, oder, wie man zu sagen pflegt, sich auf ein bestimmtes Organ wirft. So giebt es Leute, die jedesmal einen Ohrkatarrh bekommen, sobald sie kalte oder nasse Füsse haben.

Solchen Dingen wirkt man durch Abhärtung entgegen. Die Abhärtung ist weiter nichts, als eine Anpassung unseres Körpers an die wechselnden Temperatureinwirkungen, denen wir in unserem Klima ausgesetzt sind. Bei dem gesunden Kinde erfolgt diese Anpassung ganz von selbst; es wächst gewissermassen in das Klima hinein, wenn es nur von Geburt an in nicht überheizten Räumen gehalten, frühzeitig an kühle Waschungen gewöhnt, regelmässig in die Luft gebracht und nicht zu warm gekleidet wird. Verweichlichte, schwache Kinder und ebensolche Erwachsene müssen systematisch abgehärtet werden. Wie das zu geschehen hat, muss für jeden einzelnen Fall vom Arzte bestimmt werden, denn eine schablonenmässig gebrauchte sogenannte Abhärtungscur kann sehr grossen Schaden bringen.

Wohl aber kann jeder Verständige auch ohne ärztliche Ueberwachung sich vor Verweichlichung schützen. Manche wollen das durch reichlichen Gebrauch kalten Wassers erreichen. Das ist ja ganz schön und fördert die Reinlichkeit, nützt aber nicht viel gegen die Verweichlichung. Wir sind keine Wasserthiere, sondern leben in der Luft und müssen uns vor Allem an diese gewöhnen. Dem belebenden Reize frischer Luft können wir uns unausgesetzt darbieten, dem Wasser nur auf Minuten oder Sekunden. Man muss sich auch in der kältesten Jahreszeit und bei jedem Wetter täglich im Freien bewegen, und, wenn man noch nicht daran gewöhnt ist, dieses tägliche Luftbad allmählich verlängern. Im Sommer gewöhne man sich an das Schlafen bei offenem Fenster. Wer sich im Sommer daran gewöhnt hat, braucht dann auch im Winter das Schlafzimmerfenster nicht völlig zu schliessen, nur darf kein Wind vom Fenster her das Bett erreichen können. Zu warme Kleidung muss allmählich abgelegt werden. Wollene Unterkleider eignen sich für Gletschertouren und winterliche Seefahrten; wer aber ruhig in der Stadt lebt, verweichlicht sich dadurch. Die beständig allzuwarm umhüllte Haut verliert nämlich die Fähigkeit, starken Temperaturwechsel zu ertragen. Am besten gewöhnt man sich solche verweichlichende Umhüllungen im Sommer ab. Man lässt dann die Unterjacke zunächst bei Nacht weg, nach einiger Zeit auch bei Tage, und zieht sie im Herbste nicht wieder an oder wählt doch eine dünnere; im nächstfolgenden Winter kann man dann auch diese weglassen. Eine vortreffliche Uebung im Ertragen von Temperaturdifferenzen ist es, wenn man im Winter regelmässig nach dem Mittagessen ohne Ueberzieher in den Garten geht. Nach dem Essen ist man bekanntlich am wenigsten zum Frieren geneigt und geniesst das erfrischende Luftbad mit grösstem Nutzen. Das ist zugleich ein belebender Ersatz für das unhygienische Mittagsschläfchen.

Leider giebt es Menschen, die nicht abgehärtet werden können. Es sind das die ganz alten und die schlecht genährten Leute, ferner blutarme junge Mädchen. Manchmal lassen sich bestimmte Körpertheile nicht abhärten, und zwar solche, die eine schlechte Blutcirculation haben, besonders die Füsse und bei Männern die Glatze. Dagegen giebt es dann kein anderes Mittel als warme Fussbekleidung und bei Empfindlichkeit der Glatze Perrücke und Nachtmütze. Zur Perrücke verstehen sich ältere Herren in der Regel leicht, denn die Eitelkeit wirkt dem Rathe des Arztes nicht entgegen. Wenn man aber junge Damen, deren Ohrkatarrh nicht heilt, weil sie stets kalte Füsse haben, veranlassen will, im Schnee und Regen nicht mit niedrigen Sommerschuhen herumzugehen, so stösst man oft auf einen unüberwindlichen Widerstand.

Gegen kalte Füsse hilft manchmal selbst die wärmere Fussbekleidung wenig. Man muss suchen, die Blutcirculation in ihnen zu befördern. Dies geschieht zunächst durch Entfernung der Strumpfbänder und Verbannung der Stiefel mit Gummizügen, weil diese den Blutlauf hemmen. In der Nacht befördert man den Blutumlauf durch Hochlagerung der Füsse. Man stellt das Fussende des Bettes 20 cm höher als das Kopfende, indem man Holzklötze unter die unteren Bettpfosten legt. Wer an kalten Füssen leidet, muss die Strümpfe täglich wechseln. Man darf sie aber nicht einen Tag hinlegen und dann wieder anziehen, sondern muss stets frisch gewaschene nehmen. Auch in den Schuhen haftet die Feuchtigkeit, die der Fuss ausdünstet, lange. Wer an kalten Füssen leidet, muss mindestens drei Paar Schuhe zum regelmässigen Wechsel haben. Es ist ein Vorurteil, wenn man meint, dass besonders dickes Leder und besonders dicke Sohlen den Fuss warm halten;

je dicker Leder und Sohlen sind, desto mehr hemmen sie die erwärmende Bewegung des Fusses. Bei empfindlichen Frauen und Mädchen wird die Strecke vom Fussgelenk bis zum Knie nicht genügend warm gehalten; sie ist ja nur vom Strumpfe bedeckt, und die angeblich wärmenden Röcke sind davon soweit entfernt, wie die Glocke vom Klöppel. Frieren an dieser Stelle hemmt (durch Contraction der Hautgefässe) den Blutlauf vom Fuss zum Körper und macht dadurch auch die Füsse kalt. Die naheliegende Verordnung, im Winter Gamaschen zu tragen, wird oft nur soweit befolgt, dass solche angeschafft werden; das Anziehen wird dann gerne vergessen oder zu unbequem befunden. Am vernünftigsten ist es, wenn solche Patientinnen ganz hohe Schnür- oder Knopfstiefel tragen. Dagegen lehnen sich aber die Schuster auf, weil sie meistens nur aus den Fabriken bezogene Schäfte verarbeiten, die von der Mode, nach der sich der Fabrikant richtet, zur Zeit niedrig verlangt werden. Es bleibt dann oft nichts anderes übrig, als den Schuster ein tüchtiges Stück oben ansetzen zu lassen, das dann im Sommer wieder abgetrennt wird. — Häufige Fusswaschungen mit warmem Wasser und Seife dürfen nicht versäumt werden, denn sie entfernen gründlich Schwielen und Hautverdickungen, die die kältende Feuchtigkeit ebenso festhalten wie zu lang getragene Strümpfe und selten gewechselte Schuhe.

Die Ohren selbst bedürfen auch bei den Verweichlichten keines wärmenden Schutzes. Es ist verkehrt, ein gesundes Ohr zum Schutz gegen Kälte mit Watte zu verstopfen. Die Kälte dringt nicht weit in den tiefen und gewundenen Gehörgang. Dagegen muss die Ohrmuschel zum Schutze gegen das Erfrieren bedeckt werden, wenn man bei grosser Kälte lange im Freien verweilt und dabei scharfen Winden ausgesetzt ist. Ein dauerndes Bedecken des weiblichen Ohres durch die Haartracht ist im Laufe der Jahrhunderte öfter Mode gewesen. In unserer Zeit kam es lange nur dann vor, wenn man ein hässliches Ohr verbergen wollte. Neuerdings bringt es aber die Mode wieder mit sich, dass uns auch der Anblick schöner Ohren auf solche Weise entzogen wird. Diese Bedeckung des Ohres führt zur Verwöhnung und wird geradezu schädlich, wenn das deckende Haar mit giftigen Färbungsmitteln und allerlei Oelen gesalbt ist.

Sehr häufige Schädigungen der Ohren entstehen durch Unarten der Kinder. Hierher gehört das leider sehr beliebte Spiel, sich selbst oder anderen Kindern kleine Gegenstände in die Ohren zu stecken. Kleine Steinchen, Glas- und Metallperlen, Papierknöllchen, Schuhknöpfe, Erbsen, Linsen, Bohnen, Kaffeebohnen, Johannisbrot- und Kirschkerne, Pfeffer- und Wachholderkörner, kleine Schnecken- und Muschelschalen sind dazu besonders beliebt. Es ist auffallend, dass die Kinder derartige Dinge so oft gerade in die Ohren, und viel seltener in die Nase stecken, was doch viel leichter auszuführen ist. Der Unterschied erklärt sich aber sehr einfach. Das treibende Motiv ist hier die Nachahmung. Wenn die Kinder sehen, wie sich Erwachsene bei jedem Zahnweh und aus wer weiss was für Gründen Watte, Geranium- und Salbeiblätter, Speck-, Kampher-, Zwiebel- und Knoblauchstücke in die Ohren stecken, so ahmen sie das in ihren Spielen nach. Hier muss also das schlechte Beispiel bekämpft werden.

Watte sollte sich nur ins Ohr stecken, wer ein Loch im Trommelfell hat. Ein besonders beliebter Unsinn ist es, gegen Zahnweh Watte ins Ohr zu stopfen. Das Zahnweh wird dadurch nicht vermindert, das Ohr aber geschädigt. Die Watte verweichlicht das Ohr, wenn sie lange getragen wird, bei empfindlichen Leuten reizt sie auch und hat eine locale Blutüberfüllung und vermehrte Ohrschmalzbildung zur Folge. Diese Nachtheile werden beträchtlich vermehrt, wenn die Watte obendrein mit Chloroformöl, Hoffmann'schen Tropfen oder Kölnischem Wasser getränkt wird. Und was für Watte wird oft genommen! Statt der gereinigten aus der Apotheke scheint sich die aus altem Kleiderfutter herausgetrennte bei sparsamen Hausfrauen grosser Beliebtheit zu erfreuen. Damit man sie nicht sehen könne, greifen junge Damen bisweilen zu der rosenrothen aus Juwelenkästchen. Ich habe auch schon himmelblaue aus solchen Kästchen in weiblichen Ohren gefunden; vielleicht waren die Trägerinnen farbenblind. Sehr oft wird ein Wattepfropf im Ohre vergessen und ein neuer daraufgestopft. Das kann recht unangenehme Folgen haben. Noch schlimmer als Watte sind natürlich die Zwiebel-, Knoblauch-, Speck- und Kampherstücke

Alle die von den Kindern in das Ohr gesteckten harten Gegenstände, Steine, Perlen u. s. w. können viele Jahre im Ohre stecken, ohne anderen Schaden zu stiften, als Schwerhörigkeit. Man braucht sie nicht sofort zu entfernen. Ungeschickte Entfernungsversuche seitens Unberufener, wozu auch die zahlreichen Aerzte zu rechnen sind, die nicht gelernt haben, das Ohr zu untersuchen und zu behandeln, haben schon oft grossen Schaden gestiftet und manches blühende Menschenleben vernichtet

Es giebt auch lebende Fremdkörper im Ohre. Wer in alten Häusern wohnt, in denen Tausende von Küchenschaben ihr nächtliches Unwesen treiben, dem verirrt sich mitunter ein solches Thier in den Gehörgang. Auch Wanzen kriechen in die Ohren, Flöhe viel seltener. Schläft man im Walde oder auf der Wiese, so können kleine Käfer ins Ohr gelangen. Alle diese Thiere ersticken sogleich, wenn man Oel ins Ohr giesst Sie können dann keinen Schaden mehr stiften und der Arzt hat dann nur noch ihre Leichen und das Oel durch sanftes Ausspritzen zu entfernen.

Auch Flüssigkeiten, die in das Ohr gegossen werden, können Schaden bringen. Das Ausspritzen des Ohres darf nur unter ganz besonderen Verhältnissen vom Arzte selbst oder nach dessen genauer Anweisung vorgenommen werden, denn es weicht die Gehörgangshaut und die Oberfläche des Trommelfells auf, was mitunter Schaden bringen kann.

Gegen Ohrschmerzen werden oft die unglaublichsten, ja ekelerregende Flüssigkeiten in das Ohr gegossen. Die harmlosesten sind noch die verschiedenen Oele, besonders Mandelöl. Das Volk erhofft davon nicht nur Linderung von Schmerzen, sondern auch Heilung der Schwerhörigkeit, als ob durch das Oelen die eingerostete Hörmaschine wieder in Gang gebracht werden könnte. Aber selbst das reinste Oel ist dem Ohre schädlich, wenn es lange darin bleibt. Es haftet an den Wänden des Gehörgangs und bildet einen günstigen Nährboden für die Wucherung von Schimmelpilzen. Fast alle Arten von Schimmelpilzen, die wir auf verdorbenen Nahrungsmitteln oder an feuchten Zimmerwänden üppig gedeihen sehen, sind auch schon im Ohre gefunden worden. Sie machen dort langwierige Entzündungen.

Kehren wir nach dieser Abschweifung wieder in die Kinderstube zurück. Eine andere Unart, die ebenfalls auf Nachahmung der Erwachsenen beruht, ist das Bohren im Ohre mit dünnen und spitzen Gegenständen, Bleistiften, Griffeln, Federhaltern, Stahlfedern, Haarnadeln, Strick- und Häkelnadeln, Streichhölzern und Zahnstochern. Dabei kommt es leicht zu Verletzungen im Ohre, namentlich wenn die bohrende Hand unversehens gestossen wird. Das schlechte Beispiel der Erwachsenen, das von den bohrenden Kindern nachgeahmt wird, besteht bald in dem Kratzen im Ohre bei dem geringsten Juckreize, bald in der allzu oft und allzu umständlich vorgenommenen Reinigung des Gehörganges von Ohrenschmalz. Durch Kratzen bei Juckreiz im Ohre wird das Uebel, welches das Jucken hervorruft, nur verschlimmert; ja manche Krankheiten, namentlich Pilzwucherungen und Ohrfurunkel werden von einem Ohre auf das andere übertragen, wenn man mit demselben Gegenstande in beiden Ohren bohrt.

Zum Reinigen des Ohres von Ohrenschmalz sollte man nur einen am Rande gut abgerundeten Ohrlöffel gebrauchen, und diesen nur so, dass es die zum Nachahmen neigenden Kinder nicht sehen. Sehr unzweckmässig sind die eleganten gestielten Ohrschwämmchen, weil sie nicht rein zu halten sind und weil man mit ihnen das Ohrenschmalz nicht entfernt, sondern in die Tiefe stösst, wo es sich zu unglaublichen Massen ansammeln kann. Der Reiz der mit dem Schwämmchen oft eingeführten Seife vermehrt die Absonderung des Ohrenschmalzes.

Bei Kindern ist die Absonderung des Ohrenschmalzes in der Regel gering. Meist genügt die gelegentliche Reinigung mit dem zusammengedrehten Handtuchzipfel beim Waschen. Viel mehr Sorgfalt muss bei Kindern im Interesse ihrer Ohren auf die Reinhaltung der Nase verwendet werden, weil Schleimansammlung in der Nase, wie wir gesehen haben, die Ohren schädigen kann. Die Kinder müssen desshalb frühzeitig gelehrt werden, ihre Nase auszuschnauben. Ein unzweckmässiges gewaltsames Nasenschnauben kann auch die Ohren Erwachsener schädigen, wenn dadurch Schleim, Eiter und krankheitserregende Bacterien durch die Ohrtrompeten in die Paukenhöhle geschleudert werden. Man vermeidet das, wenn man beim Ausschnauben der Nase nicht gleichzeitig beide Nasenlöcher zudrückt, sondern abwechselnd das eine und das andere nach der Methode der Bauern. Auch bei der Nasendouche kann Wasser in die Ohren gelangen und grossen Schaden stiften; sie darf deshalb nur nach genauer ärztlicher Vorschrift angewendet werden.

Am besten wäre es freilich, die gefährliche Nasendouche ganz zu verbannen und statt ihrer die unschädliche, aber gleich wirksame Ausspülung der Nase vorzunehmen. Richtig angewendete Nasenspülungen halten die Nase rein, härten die Schleimhäute ab und sind deshalb auch den Gesunden nützlich. Sie müssen auf folgende Weise gemacht werden:

Man nehme ein gewöhnliches Wasserglas, das etwa ¼ Liter hält, voll guten Trinkwassers von Zimmertemperatur, also 12—14° R., nicht wärmer und nicht kälter. Darin löse man einen halben Theelöffel voll gewöhnlichen Kochsalzes auf. Die groben Krystalle des Küchensalzes sind dazu geeigneter als das durch Glühen zerkleinerte und verschlechterte Tafelsalz. Diese Lösung giesst man nun stehend oder sitzend bei leicht nach hinten gebeugtem Kopfe in die Nase und schluckt das Wasser, sobald es aus der Nase hinten in den Schlund läuft. Das wiederholt man zwei- bis dreimal hintereinander auf jeder Seite Morgens, Mittags und Abends. Streng verboten ist es, in der nächsten Viertelstunde die Nase auszuschnauben, weil dadurch Wasser in die Ohrtrompete getrieben werden könnte. Bleibt Wasser in der Nase zurück, so beugt man den Kopf nach vorn und tupft die abtropfende Flüssigkeit mit dem Tuche weg. Man darf auch im Winter direct nach dieser Procedur ins Freie gehen. Das Schlucken des eingegossenen Wassers ist nöthig, weil dieses erst durch die Schluckbewegung an wichtige Theile des Schlundes gelangt; es ist auch nicht, wie manche Leute glauben, unappetitlich, weil der Schleim aus dem hinteren Theile der Nase so wie so geschluckt wird. Auch kann das Salz dem Magen niemals schaden, was Aengstliche oft befürchten, denn selbst bei zwanzigmal häufigerer Anwendung der Spülung würde dadurch dem Magen im Laufe des Tages noch nicht so viel Salz zugeführt werden, wie in einem einzigen Teller Suppe enthalten ist. Salzloses oder stärker als angegeben salzhaltiges Wasser ist der Schleimhaut schädlich, weil es nicht dem Salzgehalte des Körpers entspricht, und erregt Schmerzen. Die Eingiessungen müssen mit dem Theelöffel gemacht werden und nicht mit den vielfach üblichen Glaskännchen, weil diese zu viel Wasser fassen und dadurch das schädliche Eindringen in die Ohrtrompete begünstigen.

Aber das Reinhalten der Nase allein genügt nicht. Auch die ganze Mundhöhle muss rein gehalten werden, denn die Mundhöhle steht hinter dem Gaumen in weit offener Verbindung mit der Nase und also auch durch die Ohrtrompete mit der Paukenhöhle. Schädliche Bacterien können deshalb aus dem Schlunde bis ins Ohr gelangen. Auch hier muss die Gewöhnung an die grösste Reinlichkeit den Kindern schon frühzeitig beigebracht werden. Das Reinigen der Zähne darf nicht nur Morgens vorgenommen werden; es ist Abends noch viel nöthiger. Denn gerade in der Nacht, wenn die Mundhöhle nicht beständig durch Kauen und Schlucken ausgefegt wird, haben Speisereste und zähe Schleimmassen die schönste Zeit, zu faulen und Milliarden von Bacterien aufsprossen zu lassen, und bei der horizontalen Bettlage können diese leichter in die Ohrtrompeten wandern, als bei der aufrechten Körperhaltung am Tage. Wie von Erwachsenen der gebildeten Stände oft gegen die Hygiene der Mundhöhle gesündigt wird, bleibt hier besser mit dem Schleier des ärztlichen Geheimnisses bedeckt. Nur eines kann ich nicht verschweigen. Es ist ein unerhörter Verstoss gegen alle Vernunft und Hygiene, wenn Leute, die auf Reinlichkeit Werth zu legen vorgeben, falsche Gebisse über faulen Zahnwurzeln tragen. Aus diesen Zahnruinen blüht ein stets neues Leben der widerwärtigsten Fäulnissbacterien, deren übelriechende Produkte beständig den ganzen Schlund bis hinauf in die Ohren und hinab in den Kehlkopf, ja in den Magen, in einen krankhaften Reizzustand versetzen. Sehr viele, äusserst beschwerliche Rachen- und Kehlkopfkatarrhe, die Monate, ja viele Jahre lang mit allerlei Pinselungen u. dergl. vergeblich behandelt wurden, heilen sogleich, wenn man die Kranken zum Zahnarzte schickt, damit er alle faulen Zahnreste entfernt. Wer irgend in der Lage ist, sich eine goldene Zahnplatte zu verschaffen, sollte keine von Kautschuk tragen, denn der wird schlecht und porös und ist dann nicht mehr rein zu halten. Zahnplatten müssen nach jeder Mahlzeit gereinigt werden; über Nacht dürfen sie niemals im Munde bleiben, weil dann immer der Schleim unter ihnen fault.

Schon vor dem Beginne der Schulzeit werden kleine Mädchen durch das Stechen von Ohrlöchern geplagt. Die barbarische Unsitte des Tragens von Ohrringen und Ohrgehängen findet man bei fast allen unkultivirten und wilden Völkern.*) Zur Durchbohrung des Ohrläppchens werden dabei Palmblattrippen, Dornen, Straussenknochen, Feuersteine gebraucht. Als Ohrschmuck dienen den verschiedenen Völkern Blätter, Citronen, Menschenlocken, Kolibriköpfe, Sardinenbüchsen. Bei uns ist der Gebrauch auf abergläubische Vorstellungen zurückzuführen. Das Volk schwört darauf, dass die Ohrringe nicht nur Ohrkrankheiten, sondern auch Triefaugen und viele andere Uebel heilen. Aber das Gegentheil ist der Fall, sie können Krankheiten herbeiführen. Nicht selten entzünden sich die Stichöffnungen und der Ring schneidet durch, wodurch zum mindesten eine hässliche Spaltung des Ohrläppchens, bisweilen aber auch eine lebensgefährliche Blutvergiftung herbeigeführt wird. Auch Tuberkulose, die von den Ohrlöchern ausgeht, ist beobachtet worden.

Wenn das Kind in die Schule kommt, wird sein Ohr weiteren Gefahren ausgesetzt.

Die Ohrmuschel ist eine verlockend bequeme Handhabe, um ein Kind dahin zu zerren, wo es nicht hingehen will, oder um es durch Erregung körperlichen Schmerzes zu strafen. Quetschungen, Einrisse der Ohrmuschel und Brüche des Ohrknorpels können die Folge sein. Diese führen manch-

---

*) Vgl. Karutz, Globus, Band 70, No. 12 und 13.

mal zu dauernden unförmlichen Anschwellungen und Missgestaltungen des Ohres. Schläge auf das Ohr können dieselbe Folge haben. Bei den Faustkämpfern des Alterthums waren missgestaltete Ohren geradezu eine Berufskrankheit. Die Künstler jener Zeiten wussten das sehr wohl und haben die Portraitstatuen von Faustkämpfern, sowie die Bilder des Herkules und des Pollux, die beide auch den Faustkampf liebten, mit solchen Ohren versehen. Heutzutage sehen wir solche Verkrüppelungen am häufigsten bei den Fussballspielern, die ab und zu einen kräftigen Tritt gegen das Ohr erhalten.

Gut angebrachte Ohrfeigen sprengen oft das zarte Trommelfell der Kinder, wenn die schlagende Handfläche gleichzeitig den Gehörgang verschliesst und die in ihm enthaltene Luft zusammenpresst. Ist die Ohrfeige sehr kräftig gewesen, so pflanzt sich der Luftdruck manchmal bis auf das Labyrinth fort und es kann völlige Taubheit eintreten.

Schwerhörige Kinder werden oft in der Schule für unaufmerksam gehalten. Eltern und Lehrer sollten sich deshalb erst vergewissern, ob die Unaufmerksamkeit nicht auf Schwerhörigkeit beruht. Es ist für den Laien und für Aerzte, die in der Ohrenheilkunde nicht erfahren sind, oft unmöglich, das zu entscheiden, da die Schwerhörigkeit der Kinder häufig vorübergehend einem ganz guten Gehöre Platz macht. Bei Kindern ermüden schon die gesunden, viel mehr aber bereits geschädigte

Ohren sehr leicht, sodass die Kinder im Beginne der Unterrichtsstunde noch folgen können, aber schon nach kurzer Zeit den Lehrer nicht mehr verstehen. Die Ermüdung und Abstumpfung der Hörnerven tritt um so schneller ein, je mehr Lärm das Kind in der Schule auszuhalten hat. Besonders gefährlich für kranke Ohren sind da Lehrer, die schreien und mit dem Lineale oder dem Hausschlüssel auf den Tisch schlagen, um die Aufmerksamkeit der Kinder wachzuhalten. Sie erreichen damit oft das Gegentheil. Schädlich ist es auch, wenn die ganze Klasse ein Gedicht im Chore hersagen muss.

Im schulpflichtigen Alter gewöhnt man die Kinder an regelmässige Fluss- oder Seebäder. Dieser wohlthätige Gebrauch bringt für gesunde Ohren nur selten Gefahr. Beim Seebade kann eine starke Welle, die das Ohr von der Seite trifft, das Trommelfell sprengen. Das Gleiche kann geschehen, wenn man beim Hineinspringen mit dem Ohre auf die Wasserfläche fällt. Wenn man beim Tauchen schluckt, kann Wasser durch die Ohrtrompeten in die Paukenhöhle dringen. Doch das sind alles Dinge, die der Badende bald vermeiden lernt.

Wer aber ein krankes Ohr hat, der erkundige sich erst bei einem sachverständigen Arzte, ob er baden darf. Für manche Ohrkranke ist das Eindringen von Fluss- und Seewasser in den Gehörgang schädlich, am schädlichsten, wenn das Trommelfell ein Loch hat. Dringt beim Baden Wasser durch das Loch bis in die Paukenhöhle, so kann es dort eine gefährliche Entzündung herbeiführen. Dies ereignet sich besonders häufig beim Eindringen von Seewasser. Das beim Verdunsten desselben im Ohre zurückbleibende Salz zieht Feuchtigkeit aus der Luft an und durchfeuchtet auf solche Art die Gewebe, sodass sie für eitererregende Bacterien einen günstigen Nährboden abgeben. Ferner kann die Kälte des in die Paukenhöhle dringenden Wassers durch Reizung empfindlicher Theile Schwindel, bei manchen Leuten sogar Ohnmacht erregen. Wem das beim Baden zustösst, der ertrinkt. Der scheinbar unerklärliche Tod guter Schwimmer mag hier und da auf solche Weise eine natürliche Erklärung finden.

Um derartigen Schaden zu verhüten, braucht man verständigen Ohrenkranken das Baden noch nicht zu verbieten; der Verschluss des Ohres mit einem in geschmolzenem Wachs imprägnirten Wattepfropf schützt vollkommen.

Gewisse Schädigungen, die nicht selten das Ohr des Schulkindes treffen, wiederholen sich zur Lehrlingszeit der Handwerker und Kaufleute und im Soldatenleben; vor Allem der Trommelfellriss durch Ohrfeigen. Beim Soldaten kommen neue Schädigungen dazu. Der Hörnerv der Artilleristen leidet nicht selten durch den heftigen Anprall der Schallwellen beim Kanonenschuss. Wenn man auf den Knall vorbereitet ist, so kann man das Trommelfell willkürlich etwas spannen, sodass es weniger stark schwingt und dadurch den Hörnerv weniger erregt. Beim Infanteristen schaden die Schüsse der Hintermänner oft den Ohren der Vordermänner, wenn die Mündungen der Gewehrläufe den Ohren der Vordermänner nahe kommen. Schüsse in stark widerhallenden, geschlossenen Räumen sind den Ohren besonders gefährlich. Aehnlich wirken Explosionen in chemischen Laboratorien.

Nach der Schul- und Soldatenzeit kommt die Zeit der Liebe. Auch die Liebe bringt Gefahr für das Ohr. Durch einen herzhaften Kuss auf's Ohr kann nämlich ein zartes Trommelfell gesprengt werden.

Auf die Liebe folgt die Ehe. Bei der Wahl, die für das Leben bindet, ist zu bedenken, dass manche Ohrkrankheiten von den Eltern auf die Kinder vererbt werden können, und dass aus Ehen zwischen Blutsverwandten nicht gar selten taubstumme Kinder hervorgehen.

Auch bei der Wahl des Berufes muss auf das Gehörorgan Rücksicht genommen werden. Man wird einen Schwerhörigen nicht Musiker werden lassen und einen Menschen mit durchlöchertem Trommelfell nicht auf die See schicken. Auch ein lärmender Beruf ist für ein bereits geschädigtes oder erblich belastetes Ohr nachtheilig. Wir sehen namentlich Schlosser, Kesselschmiede und Böttcher oft durch den Lärm ihrer Arbeit schwerhörig werden. Der schrille Pfiff der Dampfpfeife schädigt das Ohr der Lokomotivführer; man hat deshalb auf Betreiben der Ohrenärzte hier und da die Lokomotivpfeifen tiefer gestimmt.

Anderer Art sind die Berufsschädigungen, welche die Ohren der Taucher und Caisson-Arbeiter erleiden.

Der Caisson ist ein Apparat, der bei Tiefbauten unter Wasser, namentlich bei der Fundamentirung von Brückenpfeilern gebraucht wird. Er besteht aus einem unten offenen eisernen Kasten, auf dem der Pfeiler aufgebaut wird. Dieser Kasten wird auf den Grund des Wassers versenkt und durch eingepumpte Luft wasserfrei gehalten. Im Caisson befinden sich Arbeiter, welche den Grund ausgraben. Dabei sinkt der Caisson mit dem darauf befindlichen Pfeiler immer tiefer in den Grundboden des Wassers ein, während gleichzeitig über Wasser der Pfeiler höher gebaut wird, bis der Caisson endlich eine feste, tragfähige Bodenschicht erreicht hat. Dann wird sein Innenraum durch Mauerwerk ausgefüllt und der Pfeiler ist fest gegründet.

Je grösser die Tiefe, in welcher sich der Caisson befindet, desto stärker muss der Druck der eingepumpten Luft sein, um das Eindringen von Wasser zu verhüten. Unter diesem Luftdruck befinden sich nun die Arbeiter, Aufseher und Ingenieure. Sie ertragen in der Regel den Druck ohne Schaden, wenn sie demselben ganz allmälig ausgesetzt werden. Um das möglich zu machen, steht der Caisson mit einer über Wasser befindlichen Kammer in Verbindung, in welcher die Arbeiter beim Einschleusen ganz allmälig unter den nöthigen Luftdruck gebracht werden. Vor dem Verlassen der Kammer haben sie sich dann wieder ebenso allmälig in den normalen Atmosphärendruck hinein ausschleusen zu lassen.

Bei den vielen Schädigungen, unter denen die Caisson-Arbeiter bei zu schnellem Ein- und Ausschleusen zu leiden haben, stehen die Gefahren für das Ohr obenan.*) Vor Allem müssen die Arbeiter dafür sorgen, dass der veränderte Luftdruck nicht nur von aussen durch den Gehörgang auf das Trommelfell wirke, sondern auch von innen durch die Ohrtrompete. Diese muss von Zeit zu Zeit willkürlich durch Schluckbewegungen geöffnet werden. Geschieht dies nicht, so wird der Luftdruck auf das Trommelfell einseitig verändert und das Ohr leidet Schaden. Ferner bilden sich bei zu schnellem Ausschleusen Gasblasen im Blute, die Schwindel, Ohnmacht und Taubheit herbeiführen können, wenn sie sich in den Blutgefässen des inneren Ohres festsetzen.

In ähnlicher Weise leiden durch zu schnellen Wechsel des Luftdrucks die Taucher und Luftschiffer.

---

*) Alt, Heller, Mager und von Schrötter. Monatsschrift für Ohrenheilkunde, 1897, No. 6.

Viele Leute, die einem dem Ohre nicht nachtheiligen Berufe nachgehen, können sich anderen Schädlichkeiten für das Ohr nicht entziehen. Das sind die Schädigungen des Ohres durch den Lärm der Verkehrseinrichtungen und des Erwerbslebens. Der beständig reisende Eisenbahnbeamte leidet unter dem Rollen und Rasseln der Eisenbahnzüge. Auf den Grossstädter stürmt ein: das Sausen und Warnungsgeklingel elektrischer Strassenbahnen, das Wagenrollen und Pferdegetrappel auf hartem Pflaster, der Lärm maschineller Betriebe und geräuschvoller Werkstätten. Dazu kommt das Glockenläuten von allen Thürmen, die Musik der Fahnencompagnie und der Wachtparade, das Clavierspiel bei offenen Fenstern, das Klingeln der Radfahrer, der Milch- und Eislieferanten, das Ausrufen der Verkäufer, das Drehorgelspiel auf Strassen und Höfen und vielstimmiges Hundegebell. Alles das zusammen macht ein dumpf verworrenes Getöse. An diese beständig tobende Brandung des Stadtlebens kann sich der Gesunde so gewöhnen, dass ihm der Lärm kaum mehr auffällt. Dass aber dieses Getöse, auch wenn es nicht als solches unangenehm empfunden wird, störend auf das Hören einwirkt und eine grössere und ermüdende Anspannung der Aufmerksamkeit nöthig macht, ist leicht zu beweisen. Bei Tage werden Sie in der Stadt Ihre Taschenuhr nur ganz in der Nähe des Ohres hören können, in der Stille der Nacht aber 5 bis 6 Meter weit. Wem ist es noch nicht aufgefallen, dass er bei einem nächtlich späten Heimgange seine Schritte laut hallen hört, was im Lärme des Tages nicht vorkommt! Das Gehör des Gesunden, der dauernd, vielleicht sein ganzes Leben lang, dem Stadtlärme ausgesetzt ist, kann dadurch vorzeitig abgestumpft werden. Und wenn das Gehör selbst nicht merklich Noth leidet, wird bei vielen Menschen, namentlich bei den geistig Arbeitenden, durch die beständige, wenn auch nicht zum Bewusstsein kommende Reizung der Gehörnerven das ganze Nervensystem geschädigt. Das zeigt sich am häufigsten daran, dass solche Leute zu Hause, wo die im Berufe stark angespannte Willenskraft erschlafft, keinen Lärm mehr vertragen, dass sie z. B. nicht geistig arbeiten können, wenn die Kinder sich nur leise rühren, oder dass sie hohe Stimmen, und zwar nicht nur die der Schwiegermutter, sondern auch die der. geliebten Gattin nicht mehr ertragen. Sehr beachtenswerth ist es, dass diese eigenthümliche Ueberempfindlichkeit der Gehörnerven sich oft bei Musikern entwickelt. In kleinen, stets wiederholten Dosen dringt der schädliche Lärm wie ein schleichendes Gift durch das Ohr ein und breitet seine nervenzerrüttende Wirkung über das Gehirn aus.

Schwachen, schlecht genährten, geistig abgearbeiteten Personen kommt der Verkehrslärm stark zum Bewusstsein und macht ihnen Folterqualen. Am schlimmsten sind solche Ohrenkranke daran, die von beständigem Ohrensausen geplagt werden; sie erleiden durch den Lärm eine kaum erträgliche Steigerung ihres quälenden Sausens. Es gibt aber auch Ohrenkranke, die den Lärm freudig begrüssen, weil sie merkwürdigerweise im Getöse, z. B. während einer Eisenbahnfahrt, besser hören, als in stiller Umgebung.

Schutz gegen den Tageslärm ist nothwendig für Geschwächte aller Art und für viele Ohrenkranke. Sie müssen zur Watte greifen, die hier, als geringere Schädlichkeit, erlaubt ist. Viele Schwerhörige, denen lauter Schall schädlich ist, sündigen darin, dass sie fortwährend schallverstärkende Hörrohre anwenden. Hörrohre sollten nur vorübergehend und da wo Hören durchaus erforderlich ist, angewendet werden, nicht aber längere Zeit, z. B. während einer ganzen Oper oder einer ganzen Kaffeegesellschaft.

Eine systematische Verminderung des Strassenlärms in den Städten muss mit allem Nachdrucke gefordert werden, nicht allein im Interesse der Ohrkranken, sondern auch zum Vortheil derjenigen, die nicht ohren- und nervenkrank werden wollen. Leider thun die Stadtverwaltungen darin sehr wenig, denn das kostet Geld.

Vor allem muss ein geräuschloses Strassenpflaster verlangt werden. Holzpflaster ist das beste, aber auch das theuerste. Das Wagenrollen und den Hufschlag der Pferde hört man auf ihm sehr wenig. Auf Asphalt klappert der Hufschlag zu laut. Federlose Lastwagen sollten nur im Schritt fahren dürfen. Statt rasselnder Ketten wären Drahtseile an ihnen zu verwenden. Peitschenknallen muss verboten werden. Lärmende industrielle Betriebe und Jahrmärkte mit ihren zahllosen musikalischen Genüssen sollte man auf Plätze ausserhalb der Stadt verbannen. Drehorgeln gehören auf die Dörfer, nicht in die Städte. Die Zahl der bellenden und heulenden Luxushunde muss in der Stadt durch eine sehr hoch bemessene, im Verhältnisse zum Einkommen steigende Steuer vermindert werden.

Zum Wenigsten sollte aber für Nachtruhe gesorgt werden. Das Auge ruht bei Nacht, weil ihm Lichtstrahlen ferngehalten werden. Dem Ohre des Städters wird aber nicht die nöthige Nachtruhe zu Theil. Auch wenn nächtlicher Lärm den Schlaf nicht stört, setzt er doch das Trommelfell in Bewegung und erregt fortwährend den Hörnerv. Man hört auch im Schlafe. Es ist ja bekannt, dass der schlafende Müller hört, wenn die Mühle stehen bleibt. Wenn wir durch die letzten Schläge einer Uhr geweckt werden, wissen wir oft, wie viele Schläge vorhergegangen sind, ehe wir wach wurden. Wir reden dann von einem Unterbewusstsein, das auch im Schlafe thätig bleibt. Dieses

Unterbewusstsein ist hier nichts als das auch im Schlafe thätige Ohr. Damit wird auch die bekannte Thatsache erklärt, dass manche Leute im Stande sind, zu einer bestimmten Stunde zu erwachen. Der Hörnerv des Schlafenden wird eben durch den Schlag der Uhr erregt.

Der Schlag der Uhr ist aber gerade genug nächtlicher Lärm. Mit dem Tuten des Thurmwächters alle Viertelstunden sollte man uns verschonen. Laut tickende und schlagende Uhren gehören vor Allem nicht ins Schlafzimmer. Ich habe einen alten Herrn gekannt, der jahrelang an Schlaflosigkeit litt, bis ich das Schlaggewicht einer Kukuksuhr in seinem Schlafzimmer confiscirte. Die Bewohner hochgelegener Stockwerke lässt oft das Aechzen und Knarren einer verrosteten Wetterfahne nicht schlafen. Andere werden durch die nächtlich klagenden Töne verliebter Katzen wachgehalten. Selbst der Schlag einer Nachtigall kann den durch geistige Arbeit Ermüdeten zur Verzweiflung bringen. In fröhlicher Studentenzeit habe ich die Anschauung des Nachtwächters nicht begreifen können, der ein anmuthiges nächtliches Ständchen für ruhestörenden Unfug hielt. Jetzt muss ich mich aber zum Standpunkte des Nachtwächters bekennen. So mag auch Militärmusik in den Strassen vor Tagesgrauen den Soldaten erfreuen, dem Ohre des durch anstrengende Geistesarbeit Ermüdeten ist sie ein Gräuel.

So habe ich nun die Schädlichkeiten, die auf das menschliche Ohr von der Wiege bis zum Grabe einwirken, so ausführlich besprochen, wie es in dem Rahmen eines Vortrages möglich ist. Auch habe ich Mittel und Wege gezeigt, diese Schädlichkeiten zu vermeiden oder wenigstens einzuschränken. Wenn ich auch weiss, dass meine Rathschläge nicht immer und überall durchführbar sein werden, so zweifle ich doch nicht, dass Sie alle, ein jedes für sich und in seinem Wirkungskreise, auf Schritt und Tritt Gelegenheit finden werden, den Rath in die That umzusetzen. Seien Sie aber vor Allem stets dessen eingedenk, dass Sie nicht nur Ihren eigenen Ohren, sondern auch denen Ihrer Mitmenschen Rücksicht schulden.